Il Trattato dell'Unità
(*Risâlatu-l-Ahadiyyah*)

Muhyi-d-dîn Ibn 'Arabî

Traduzione dall'arabo in francese di

Abdul-Hâdi

Traduzione dal francese in italiano di

Pietro Nutrizio

Titolo originale dell'opera:

Risâlatu-l-Ahadiyyah

Artemide Libri 2023
ISBN-13: 9798863284729

In copertina:
Interno della cupola della Moschea dello sceicco Lotfollah; Isfahan, Iran.

Il mio cuore può adottare tutte le forme.

E' pascolo per le gazzelle.

E' monastero per i monaci cristiani,

E' tempio per gli idoli,

E' la Kaaba per il pellegrino,

E' le tavole della Torà, e il libro del Corano.

Io seguo la Religione dell'Amore

Qualunque esse siano le strade che percorrono i
cammelli,

questa è la mia Religione e la mia Fede

— Ibn 'Arabi

*Lei mi disse: "Mi sono meravigliata di un amante
che a causa dei suoi meriti cammina fieramente tra i
fiori in un giardino".*

"Non ti meravigliar di ciò che vedi

-io replicai-

*perché te stessa tu hai veduto entro uno specchio
umano".*

— *Ibn 'Arabi*

INDICE

Scorci sulla Vita di

Ibn 'Arabi

di Tosun Bayrak al-Jerrahi

Il padre di Ibn 'Arabi, Ali ibn Muhammad Ibn 'Arabi, si recò a Bagdad in età avanzata. Il suo desiderio più caro era quello di lasciare un figlio al suo posto prima di morire. Andò a visitare il grande *shaykh* Muhyiddin Abdul-Qadir Jilani e gli chiese di pregare Dio perché gli desse in regalo un figlio. Lo *shaykh* entrò in reclusione e in profonda contemplazione. Al suo ritorno informò Ali ibn Muhammad: "Ho portato il mio sguardo nel mondo dei segreti e mi è stato rivelato che tu non avrai discendenti, quindi non ti affliggere più nel tuo tentativo, che è vano." Anche se affranto e deluso, l'uomo non si arrese. Si inginocchiò e insistette: "O Santo, Dio esaudirà senza dubbio le tue preghiere. Ti imploro di intercedere per me in questa questione." *Shaykh* Abdul-Qadir Jilani si ritirò di nuovo e cadde in profonda contemplazione. Dopo un po' tornò e disse che sebbene Ali ibn Muhammad non fosse destinato ad avere un erede, il santo stesso era invece destinato ad averne uno. Avrebbe avuto piacere il vecchio uomo ad avere il futuro figlio del santo? Il suo visitatore accettò volentieri. I due uomini si alzarono schiena contro schiena, con le loro braccia intrecciate. Ali ibn Muhammad in seguito raccontò così quest'incidente: "Mentre ero schiena contro schiena con il Santo Abdul-Qadir Jilani, sentii qualcosa di caldo che correva giù dal mio collo fino alla bassa schiena. Poco dopo mi nacque un figlio, ed io lo chiamai Muhyiddin, come Muhyiddin Abdul-Qadir Jilani mi aveva ordinato di fare". Il nome intero di Ibn 'Arabi era Abu-Bakr Muhammad ibn Ali ibn Muhammad al Hatimi al-Ta i al -Andalusi. Gli sono stati attribuiti molti titoli: *al-shaykh al-akbar*, il più grande dei maestri, o il maestro dei maestri; *khatim al-awliya al Muhammadi*, il Sigillo dei Santi di Muhammad; *al-shaykh al-a 'zam*, l'esaltato *shaykh*; *qutb al-Arifin*, l'asse della vera conoscenza; *imam ul-munahiyuddin*, capo religioso dei convertiti; *rahbar ul-alam*, guida del mondo; e tanti altri. Sul suo grande apprendimento, Ibnjawziya ha commentato, "Ibn 'Arabi era esperto in alchimia, e conosceva il segreto del più grande nome di Dio, che è nascosto nel Corano."

Shaykh Sa'duddin Hamawi disse: "Muhyiddin è un oceano di conoscenza che non ha rive."

Muhyiddin Ibn 'Arabi nacque nella città di Murcia, nell'allora provincia islamica dell'Andalusia, in Spagna, lunedì 17 del mese sacro del Ramadan nell'anno 560 A.H. (28 luglio, 1165). Suo padre era un Sufi, un uomo conosciuto da molti e da tutti rispettato. Da bambino venne riconosciuto da due donne sante che gli fecero da maestre, Yasmin di Marchena e Fatima di Cordoba. All'età di otto anni Ibn 'Arabi e la sua famiglia si trasferirono a Siviglia, dove poté studiare con Abu-Muhammad e Ibn Bashkuwal, due dei più grandi teologi e studiosi della Tradizioni Profetiche del tempo. Quando aveva diciannove anni un amico di suo padre, il famoso filosofo e mistico Ibn Rushd (conosciuto in Occidente come Averroè), espresse interesse nell'incontrarlo. Molto commosso dal potere intenso che sentiva scambiando solo poche parole con il giovane, lo studioso parlò a suo padre in termini che Ibn 'Arabi ha poi ricordato come segue:

[…]Ringraziò Dio di aver incontrato qualcuno che era entrato ignorante nel ritiro spirituale e che ne uscì come feci io. Disse: "è un caso di cui avevo affermato la possibilità, ma senza mai aver incontrato qualcuno che ne avesse fatto esperienza. Gloria a Dio che mi ha concesso di vivere in un tempo in cui esiste un maestro con una tale esperienza, uno di quelli che apre i chiavistelli delle Sue porte. Gloria a Dio per avermi concesso il dono di vederne uno simile con i miei occhi.

Nel 1201, all'età di trentasei anni, Ibn 'Arabi intraprese il Pellegrinaggio a La Mecca. In quell'occasione pregò Dio che gli venisse rivelato tutto ciò che sarebbe accaduto nei mondi materiali e spirituali. Dio, acconsentendo al suo desiderio, gli aprì il mondo dei segreti. Riguardo a questi argomenti Ibn 'Arabì ebbe a commentare:

"Io conosco i nomi e la genealogia di ogni *qutb* che verrà, fino alla Giorno del Giudizio. Ma dato che opporsi a ciò che è destinato significa andare in contro a distruzione certa, per compassione verso le future generazioni ho deciso di nascondere questa conoscenza."

Dopo il Pellegrinaggio, Ibn 'Arabi viaggiò in Egitto, in Iraq, e a Damasco, si fermò a Konya, in Turchia, dove incontrò Sadruddin Qunyawi, un giovane Sufi, e si sposò con sua madre. Il giovane Sadruddin divenne uno dei suoi più vicini discepoli, i quali ricevettero enormi benefici e conoscenze spirituali. Nell'anno 1223 Ibn 'Arabi tornò a Damasco dove, visibilmente e invisibilmente, incontrò molti altri maestri Sufi. Lì trascorse gli ultimi anni della sua vita. Si crede sia morto nel 1240.

Ibn 'Arabi menziona di aver incontrato *Khidr*, la guida nascosta dei Sufi, tre volte. Il suo primo incontro lo descrive con queste parole:

Era all'inizio della mia educazione. Il mio *shaykh*, Abul Hassan, attribuì delle conoscenze a qualcuno. Per tutto quell'intero giorno rimasi continuamente in disaccordo con lui su questa questione. Quando lo lasciai, mentre tornavo a casa mia, incontrai una bellissima persona che mi salutò e che mi disse: "Le cose che ti ha detto il tuo insegnante sono giuste – accettale." Corsi indietro dal mio *shaykh* e gli raccontai cosa era successo. Mi disse che aveva pregato perché apparisse *Khidr* ad affermare il suo insegnamento. Sentendo ciò, mi convinsi una volta per tutte a non pormi in disaccordo col mio maestro.

Del suo secondo incontro dice:

...Mi trovavo a bordo di una nave nel porto di Tunisi. Una notte in cui non riuscivo a dormire, decisi di andare a passeggiare sul ponte. Stavo guardando una bellissima luna piena, quando improvvisamente vidi un uomo alto e dalla barba bianca venire verso di me camminando sull'acqua a fianco della nave. Ero

sbalordito. Venne proprio verso di me, mi si fermò dinnanzi e mise il suo piede destro sul piede sinistro in segno di saluto. Vidi che i suoi piedi non erano bagnati. Poi mi salutò, mi disse alcune parole, e iniziò a incamminarsi verso la città di Menares, che era su una collina vicina. Con mio grande stupore osservai che percorreva più di un miglio per ogni passo che faceva. Da lontano potevo ancora sentire la sua bellissima voce cantare il dhikr. Il giorno dopo mi recai in città, dove incontrai uno shaykh, il quale vedendomi mi chiese come fosse andata la mia serata con Khidr e di cosa avevamo parlato.

Il terzo incontro di Ibn 'Arabi con *Khidr*, secondo una delle tradizioni, ebbe luogo presso le rive dell'oceano Atlantico in Spagna, in una piccola moschea dove si era recato per pregare. Aveva in sua compagnia una persona che negava l'esistenza dei miracoli. C'era anche un altro gruppetto di viaggiatori nella moschea. Improvvisamente, vide tra essi lo stesso essere che aveva già visto in Tunisia. L'uomo alto e dalla barba bianca prese il suo tappetino di paglia dalla nicchia della preghiera, si alzò di quattordici piedi in aria, e fece la sua preghiera da lì. Più tardi tornò a dire ad Ibn 'Arabi che aveva fatto quel gesto come una dimostrazione per lo scettico in sua compagnia il quale aveva negato i miracoli.

Quando Muhyiddin Ibn 'Arabi evolse sopra il livello di *Shaykh* Abul-Hassan al-'Uryani, scrisse una lettera al suo maestro dicendo:

"Volgiti verso di me con il tuo cuore e ponimi le tue domande, e io mi volgerò verso di te con il mio cuore e risponderò ad esse." Dopo un po' ricevette una lettera dal suo maestro:

Ho sognato che tutti i santi erano riuniti in cerchio con due uomini al centro. Uno di loro era Abul-Hassan ibn Siban. Non potevo vedere la faccia dell'altro. Poi ho sentito una voce che diceva che l'altro uomo nel centro era un andaluso, e che uno dei due sarebbe stato il qutb del nostro tempo. Un verso del Corano venne cantato ed entrambi si prostrarono, e la voce disse, "Chi tra i due alzerà per primo la testa sarà il qutb". L'Andaluso alzò la testa per primo. A quel punto posi una domandala senza lettere o parole alla voce. La voce mi rispose soffiando nella mia direzione. Questo respiro conteneva le risposte a tutte le mie domande. Sia io che tutti i santi nel circolo andammo in estasi con questo respiro. Alzai lo sguardo e vidi il volto dell'Andaluso nel centro del cerchio.

Eri tu, O Muhyiddin Ibn 'Arabi.

Il Profeta *al-Khidr*

Prefazione

di Pietro Nutrizio

Il testo che qui presentiamo, con le note di *'Abdul-Hadî*, è la traduzione di uno dei trattati fondamentali della dottrina metafisica sotto la forma che essa riveste presso i popoli di razza araba. La sua traduzione dalla lingua originaria è dovuta ad un Occidentale: John Gustav Agelii, nato a Sala, in Svezia, nel 1869, e morto a Barcellona nel 1917. Pittore (a questo titolo il suo nome è ancora oggi noto negli ambienti culturali svedesi), egli viaggiò moltissimo, studiando a fondo e assimilando con grande facilità le lingue dei paesi che visitava. Con la collaborazione di un medico italiano conosciuto a Parigi, Enrico Insabato, pubblicò in Egitto una rivista: *Il Convito*, nella quale fece apparire numerosi articoli e traduzioni in italiano di trattati dell'esoterismo islamico. Trascorse alcuni anni nel mondo musulmano e venne in contatto con personaggi di grande importanza cosi negli ambienti esoterici come in quelli exoterici dell'*Islàm* - verso l'anno 1907 divenne discepolo di uno dei maestri spirituali fra i più conosciuti e rispettati del tempo, lo *Shaykh 'Abd ar-Rahman Elish al-Kebîr*, e nell'*Islâm* assunse il nome di *'Abdul-Hadî*. La traduzione che presentiamo è stata pubblicata per la prima volta nei numeri di giugno, luglio, agosto 1911 della rivista francese *La Gnose*;[1] essa era preceduta da una breve introduzione di *'Abdul-Hadî* che noi conserviamo traducendola dal francese con il testo stesso, insieme alle note. Avvertiamo che la nostra traduzione del testo è stata mantenuta volontariamente molto letterale, ad eccezione dei passi in cui ciò si sarebbe prestato a confusioni od oscurità troppo marcate.

Per quel che ci concerne, faremo soltanto osservare che è contenuta in questo trattato in generale, e in alcuni passi di esso in particolare, la confutazione esplicita di quel genere di obiezioni, abituali negli orientalisti[2] che consistono nell'interpretazione dello stato (*maqâm*) di *Fanâ* come un «vuoto» o una «sparizione» pura e semplice di ogni carattere formale della creatura, senza che nulla venga a «sostituirvisi». In realtà, come dimostra chiaramente il testo che presentiamo, in una via di conoscenza, qual' è il *Tasawwuf*, non è questione di «sparizioni» di sorta, almeno nel senso qualitativo in cui pare che la cosa sia intesa da questi critici, bensì del passaggio da stati di conoscenza

---

[1] Dal 1911 in poi sono state fatte altre traduzioni in lingue europee, particolarmente in inglese (Margaret Smith), ma tra esse e quella da noi presentata non sussistono differenze di particolare importanza quanto al senso.

[2] In modo particolare, come diciamo altrove, quelli di tendenza «teologica».

caratterizzati da limiti più ristretti a stati conoscitivi meno limitati, fino allo stato di Identità Suprema col Principio metafisico stesso. Il vedere in questo processo soltanto la negazione e in qualche modo la «distruzione» del limite senza un corrispondente passaggio, al di là di esso, all'affermazione che tale superamento comporta, e che anzi è la sola «legittima» ragione della «distruzione» stessa, è di fatto la causa principale delle interpretazioni di cui stiamo parlando. Se questo genere di interpretazioni può servire abbastanza bene a un certo tipo di critica delle teorie della conoscenza orientali a vantaggio di prospettive più esteriori, in cui interviene necessariamente la nozione di «grazia» (la quale d'altronde, per quanto legittima nel suo piano, è attualmente usata nei modi più vaghi e meno comprensibili), in realtà non fa che rivelare in chi le esprime una fondamentale incapacità a sollevarsi dalla prospettiva teologica a quella della metafisica pura. Una considerazione dello stesso genere si potrebbe fare anche a proposito delle interpretazioni occidentali del Nirvana nelle dottrine buddistiche, al quale d'altra parte non si riduce tutta la prospettiva metafisica di questa forma tradizionale, giacché il Nirvana è in essa inteso generalmente come una «tappa» nella via che conduce al Paranirvana, in qualche modo corrispondente al *Fanâ al-fanâi* di cui si parla nella *Risâlatu-l-Ahadiyyah*.

È opportuno accennare qui al fatto che il punto di vista dell'autore di questo trattato è uno dei più puramente metafisici che siano stati espressi verso l'«esterno» nell'ambito della tradizione esoterica islamica; non è difficile trovare nella *Risâlatu-l-Ahadiyyah* punti di contatto con la dottrina metafisica del *Vêdânta* indu, senza che con ciò sia affatto il caso di ricercare l'esistenza di «influenze» sull'esoterismo islamico da parte di quest'ultima. Volendo infatti riassumere in poche parole l'asserto essenziale della Dottrina contenuta nella *Risâlah*, si potrebbe dire che, cosi come per *Brahma* nella tradizione indu, *Allâh* solo è; le cose, i mondi, gli esseri che ci appaiono distinti, non sono altro che Lui in realtà. Considerate differenti da Lui, le cose sono prive di esistenza; sono esclusivamente contingenti, perciò effimere perché senza «radice». È quanto afferma il testo: «L'esistenza delle cose è la Sua Esistenza senza che esse siano».

Per il *mutasawwuf* alla ricerca della Conoscenza suprema, cosi come per lo *Yogî* che nelle stesse condizioni si appoggia al *Vêdânta*, si tratta di passare effettivamente al di là degli stati dell'Essere. Ed è di fatto questo che indica il testo dicendo, a proposito dell' affermazione «il Sufi è eterno»: «... ma tale "boccone" non può gustarlo se non quegli la cui "gola" sia più vasta dei due mondi (il mondo di *Dunyâ* e il mondo di *Âkhira*, ovvero il mondo sensibile e il mondo « sovrasensibile»).

Se qualcuno domanda: «Come consideri quel che è attraente o ripugnante? Se per esempio vedi una sporcizia o una carogna, forse dici che è Allâh?», la risposta è: Allâh è sublime e puro, Egli non può essere queste cose. Noi non parliamo a colui che non vede una carogna come una carogna o un escremento come un escremento. Noi parliamo a coloro che vedono, e non ai ciechi. Colui che non si conosce è un cieco, nato cieco. Prima che cessi la sua cecità, naturale o acquisita, egli non potrà comprendere quel che vogliamo dire. Il nostro discorso è con Allâh, e non con altri che Lui, o con dei ciechi nati. Colui che è arrivato alla stazione spirituale che è necessario aver raggiunto per capire, quegli sa che non vi è niente che esista tranne Allâh. Il nostro discorso è fatto per chi cerca con ferma intenzione e perfetta sincerità di conoscere se stesso (in nome) della conoscenza di Allâh – che Egli sia esaltato – e che nel suo cuore conserva in tutta la sua freschezza la forma nella sua domanda e nel suo desiderio di giungere ad Allâh. Il nostro discorso non è diretto a coloro che non hanno né direzione né scopo.

- Dal Trattato dell'Unità, di Ibn 'Arabi.

Introduzione

di 'Abdul-Hadî

Il breve trattato che ci accingiamo a tradurre è dei più interessanti che esistano sulla questione. Il testo arabo non è mai stato pubblicato a stampa, per quanto io sappia. I manoscritti abbondano, ma sono raramente esatti e presentano molte variazioni dal testo primitivo. Quest'ultimo è perciò da restaurare, ma tale lavoro non presenta, nella circostanza, difficoltà particolarmente gravi. Il pensiero dominante è chiarissimo, cosi che le diverse redazioni e i numerosi errori dei copisti non fanno ostacolo alla perfetta comprensione del testo.

Gli unici punti contestabili sono il titolo dell'opera e il nome dell'autore. L'opera è spesso designata come «Il trattato (*Risâlah*) della conoscenza del Signore attraverso la conoscenza di se stessi». Si tratta infatti dell'argomento della dissertazione. Altri titoli: «Il trattato della conoscenza di se stessi», «La chiave della conoscenza (di *Allâh*) », «*Kitâbul-Alif*», «*Kitâbul-Ajwibah*», «Il trattato di Balabâni» (dal nome di un presunto autore). Il titolo usato più di frequente dagli scrittori e dai Dervishi è: «*Risâlatul-Ahadiyah*», ovvero «Trattato dell'Unità». È quello che noi adottiamo.

La questione dell'autore non è mai stata definitivamente chiarita. Che egli si chiami in ogni caso *Mohammad 'Abd-Allâh*, possiamo affermare con sicurezza, ma ciò non ci è di molto aiuto. I manoscritti che precisano ulteriormente il nome dell'autore si dividono in due categorie: gli uni dicono che l'autore è *Mohammad Abu 'Abd-Allâh ibn 'Alî Muhyi-d-dîn ibn 'Arabi el Hâtimî et-Tâ'î el Andalûsî*, di soprannome "il piu grande degli *Shuyukh*", morto nell'anno 638 dell'Egira. Sono convinto che il nostro grande Maestro è, di fatto, l'autore di questo ammirevole trattato. Lo stile sta ad indicarlo in modo abbastanza certo. Gli altri manoscritti l'attribuiscono a un tale *Mohammad* o *'Abd-Allâh Balabâni, Bilbani* o anche *Balayani*. Chi può essere questo *Shaykh*? Esiste un *Awhaduddîn 'Abd-Allâh el-Balayâni* (morto nell'anno 686 dell'Egira). Potrebbe anche darsi che *Balabâni* sia un soprannome curdo persiano, da *Bala*=alto, e *Ban*=voce. Negli ambienti intellettuali curdi si è infatti sempre ritrovata, più forse che da ogni altra parte, una grande venerazione per *Muhyi-d-dîn*. *Balabâni* potrebbe dunque essere una parafrasi curda di *Es-Shaykhul-Akbar*, ovvero il più grande degli *Shuyukh*, o maestri spirituali. *Allâh* meglio d'ogni altro conosce la verità su questo punto. Ho sentito dire che qualche manoscritto attribuisce la paternità di questo trattato ad uno dei *Suyûtî*. Mi sembra inverosimile che un'opera di questo genere abbia potuto avere per autore uno di questi due eruditi, giacché non di un prodotto dello studio si tratta, ma di maestria esoterica. Tale questione dell'autore rimane perciò insoluta fino a che nuovi fatti intervengano.

Per conto mio sono intimamente convinto che l'autore ne è *Muhyi-d-dîn ibn 'Arabî,* ma non posso in questo momento refutare scientificamente un'opinione contraria.

'Abdul-Hadî

Il Trattato dell'Unità

(*Risâlatu-l-Ahadiyyah*)

Muhyi-d-dîn Ibn 'Arabî

IL TRATTATO DELL'UNITÀ

In nome di *Allâh*, il Clemente, il Misericordioso – noi imploriamo il Suo soccorso.

Gloria ad *Allâh*, la cui Unità (*al-Wahdaniyyah*) non ha anteriori se non Lui che è l'Anteriore (*Qablu*); la cui Singolarità (*al-Fardâniyyah*) non ha «dopo» se non Lui, che è il Seguente (*Ba'du*).

Riferendosi a Lui (letteralmente: con Lui, *Ma'ahu*) non c'è né prima né dopo, né alto né basso, né vicino né lontano, né come, né cosa, né dove; né stato, né successione di istanti, né tempo, né spazio, né essere (*Kawn*: l'essere mutevole, condizionato, temporale): «Egli è tal quale è sempre stato» – «Egli è l'Unico, il Domatore (*al-Wâhid al-Qahhâr*)» senza (le condizioni ordinarie dell'Unicità (*al-Wâhidiyyah*).

Egli è il Singolare (*al-Fard*) senza singolarità. Non è composto di nome e di nominato perché Egli è il nome ed è

Egli il nominato. Non vi è nome se non Lui. Non vi è nominato al di fuori di Lui. Per questo Egli è detto essere il nome e il nominato[1]. Egli è il Primo senza anteriorità. Egli è l'ultimo senza le condizioni ordinarie della finalità, senza cioè finalità assoluta. Egli è l'Evidente senza esteriorità. Egli è l'Occulto senza interiorità. Ciò che intendo dire è che Egli è l'esistenza sia delle Lettere esteriori[2], che delle Lettere interiori. All'infuori di Lui non vi è né esterno né interno, e ciò senza che le Lettere mutino per diventare Lui, o che Egli cambi per diventare le Lettere.

Capire bene questo arcano è importante, se no si cade nell'errore di coloro che credono alle incarnazioni della Divinità. Egli non si trova in nessuna cosa e nulla si trova in Lui per un'entrata o un'uscita qualsiasi. In questo modo bisogna conoscerLo, e non per mezzo della scienza, dell'intelligenza, dell'immaginazione, della perspicacia, dei sensi, della visione esterna, della visione interna, della comprensione o del ragionamento. Nessuno può vederLo, tranne Lui stesso. Nessuno può afferrarLo tranne Lui stesso. Nessuno può conoscerLo, tranne Lui stesso. Da Sé Egli Si vede [*Nafsahu*, letteralmente: la Sua anima il che equivale: Lui stesso, la Sua ipseità]. Da Sé Egli Si conosce. Nessun altro che

---

[1] Egli è inoltre «il Nominatore», come si vedrà più tardi quando si tratterà della Signoria divina, *er-Rabbâniyyah*, o, qui più specificatamente, *al-Marbûbiyyah*.

[2] *Hurûf*: lettere, vale a dire gli elementi spirituali. Confrontare il «Sefer ha Zohar» [nel testo], «Il Libro dello Splendore, opera dell'esoterismo ebraico compilata nel XIII secolo in Spagna; in essa si insegna che l'essenza di tutte le cose è la forza spirituale della parola, la quale non solo risiede nei testi sacri, ma in tutto ciò che esiste nel mondo visibile e invisibile.

Lui può vederLo. Nessun altro che Lui può afferrarLo. Il Suo velo impenetrabile è la Sua propria Unicità. Nessun altro che Lui Lo nasconde. Il Suo velo è la Sua esistenza stessa. Egli è velato dalla Sua Unicità in modo inesplicabile. Nessun altro che Lui Lo vede: nessun profeta inviato, nessun santo perfetto o angelo approssimato (*Corano*, IV, 170). Suo profeta è Egli stesso. Suo messaggero (apostolo) è Lui stesso[3]. Il Suo messaggio è Lui (ciò che Egli invia è Se stesso). La Sua parola è Lui stesso, Egli ha convocato la sua ipseità, per Suo mezzo, da se stesso verso se stesso, senza intermediario o causalità diversi da se stesso. Non c'è disparità (di tempo, di spazio, di misura) tra Colui che invia, il Messaggio, e il Destinatario del Suo messaggio. La Sua esistenza è quella delle Lettere della profezia, non altra. Ciò che non sia Lui non ha esistenza (o nominalità), di conseguenza non può annullarsi (non essendo mai esistito). Perciò il Profeta ha detto: «Chi conosce la propria anima (cioè se stesso) conosce il proprio Signore». Egli ha pure detto: «Ho conosciuto il mio Signore per mezzo del mio Signore». Il Profeta d'*Allâh* ha voluto far comprendere con queste parole che tu non sei tu, ma Lui; Lui e non te stesso; che Egli non entra in te e tu non entri in Lui; che Egli non esce da te e tu non esci da Lui. Non che io intenda che tu sei o che possiedi questa qualità o quella. Voglio dire che tu assolutamente non esisti, e che non esisterai mai, né per tuo mezzo né per Suo mezzo, in Lui o con Lui. Tu non puoi cessare di essere, perché non sei. Tu sei Lui ed Egli è te, senza nessuna dipendenza o causalità. Se riconosci alla tua esistenza questa qualità [cioè il nulla], allora conosci *Allâh*, altrimenti no.

---

[3] è necessario osservare le differenze tra Profeta (*Nabî*), Inviato Messaggero (*Rasûl*) e santo (*Walî*).

La maggior parte degli iniziati dicono che la Gnosi, ovvero la Conoscenza di *Allâh* viene in seguito al *Fanâ al-wujûdi* ed al *Fanâ al-fanâ'i*, per effetto cioè dell'estinzione dell'esistenza e della estinzione di questa estinzione. Ora, questa opinione è completamente falsa. In essa è contenuto un errore manifesto. La conoscenza non esige l'estinzione dell'esistenza (dell'io), o l'estinzione di questa estinzione; perché le cose non hanno nessuna esistenza, e ciò che non esiste non può cessare di esistere. Dire che una cosa ha cessato di esistere, che non esiste più, equivale ad affermare che essa è esistita, che ha goduto dell'esistenza.

Dunque, se tu conosci la tua anima, cioè te stesso, se riesci ha concepire che non esisti, e che pertanto non ti spegni, allora conosci *Allâh*, altrimenti no. Attribuire la Conoscenza al *Fanâ* ed *al Fanâ al-fanâ'i* è un credo idolatra. Perché se tu attribuisci la Conoscenza al *Fanâ* ed al *Fanâ al-fanâ'i*, pretendi con questo che ciò che non è *Allâh* possa godere dell'esistenza, il che equivale a negarLo; e tu sei formalmente colpevole di idolatria. Il Profeta ha detto: «Colui che conosce la propria anima (e cioè se stesso)[4] conosce il proprio Signore». Non ha detto: «Colui che spegne la propria anima conosce il proprio Signore». Se si afferma l'esistenza di un altro non si può più parlare della sua estinzione, poiché non si deve parlare della estinzione di ciò che non si deve affermare. La tua esistenza è un nulla, e il nulla non può venire aggiunto a qualcosa, sia esso temporaneo o no. Il Profeta ha detto: «Tu non esisti ora, come non esistevi prima

---

[4] *Man ya'raf nafsahu.*

della creazione del mondo». La parola «ora» (presa nel senso di presente assoluto) significa tanto l'eternità senza inizio, quanto l'eternità senza fine. Ora, *Allâh* è l'Esistenza dell'eternità senza inizio e dell'eternità senza fine, così come della preesistenza. Questi tre aspetti dell'eternità sono Lui (*Allâh* è l'esistenza di questi tre aspetti dell'eternità, senza che per questo Egli cessi di essere l'Assoluto). Se così non fosse, la Sua solitudine non sarebbe; Egli non sarebbe senza associati. Ora, è indispensabile (razionalmente, dogmaticamente e teologicamente) che Egli sia Solo e senza compagno alcuno. Sarebbe Suo associato chi esistesse per se stesso, e non per l'esistenza di *Allâh*. Questi non avrebbe bisogno di *Allâh* e sarebbe, di conseguenza, un secondo Signore Iddio, ciò che è impossibile. *Allâh* non ha nessun compagno, nessun simile, nessun equivalente. Colui che vede una cosa con *Allâh*, da *Allâh*, o in *Allâh*, anche se la fa dipendere da *Allâh* attraverso la Sua Signoria, rende questa cosa associata ad *Allâh*, dipendente da Lui per la Signoria. Chiunque pretenda che una cosa può esistere con *Allâh* (poco importa che questa cosa esista per se stessa o a causa di Lui), che essa estingua la propria esistenza o l'esistenza della propria esistenza, un tal uomo, io dico, è lontano dall'avere la minima percezione della conoscenza della sua anima e di se stesso (letteralmente: …è lungi dal sentire il profumo della conoscenza dell'anima, cioè di se stesso). Perché colui che pretende che un altro, all'infuori di Lui, possa esistere (poco importa che esista di per se stesso, o a causa di Lui, o in Lui), poi sparisca e si estingua, e si estingua poi la sua estinzione ecc., un tal uomo si perde in un circolo vizioso, di estinzione in estinzione, indefinitamente. Tutto ciò è idolatria su idolatria, e non ha niente a che fare con la Conoscenza. Un tal uomo è idolatra e non conosce nulla né di *Allâh* né di se stesso o della propria anima.

Se si chiede per qual mezzo si arrivi a conoscere la propria anima (vale a dire se stessi) e a conoscere *Allâh*, la risposta è: la via verso queste due conoscenze è indicata da queste parole: «*Allâh* era, ed il nulla con Lui. Egli è adesso quale Egli era». Se qualcuno dice: «Io vedo la mia anima (me stesso) diversa da *Allâh*, e non vedo che *Allâh* sia la mia anima», la risposta è: il Profeta vuol significare col termine «anima» il *proprium*, la sua esistenza (paricolare), ciò che chiami «me stesso», e non l'elemento psichico che si chiama talvolta «anima imperiosa», o «quella che spinge irresistibilmente verso il male», «l'anima che rimprovera», «la rasserenata», ecc.[5]; Egli vuol significare con «anima» tutto ciò che è diverso da *Allâh*, come quando ha detto: «Fammi vedere (o *Allâh*!) le cose come sono», designando con «le cose» tutto ciò che non è *Allâh* (che Egli sia esaltato).

Egli ha voluto dire: «Fammi conoscere ciò che non è Te, affinché io sappia ed affinché io conosca (la verità) sulle cose, se esse sono Te oppure diverse da Te; sono esse senza inizio né fine, oppure sono state create e dovranno sparire?». Allora *Allâh* gli fece vedere che tutto ciò che non è Lui è l'uomo

---

[5] L'anima *an-nafs*, dalla radice *nafasa*, respirare, emettere fiato. Questa parola ha diversi significati nella lingua araba, ma soprattutto:

a) essa è il pronome personale «stesso», ad accentuare l'individualità d'un essere vivente, preminentemente se dotato di ragione. Di qui il senso di *proprium* presso i *Sûfî*. Comunemente si dice *nafsânî* nel senso di egoista;

b) l'anima vitale, animale e umana, la cui graduale trasformazione attraverso sette «tappe» è il fine del *Tasawwuf*. Questo argomento è stato già trattato, ma in modo superficiale, da parecchi orientalisti; più tardi ritorneremo su questo punto.

stesso e che tutto ciò che non è Lui non ha alcuna esistenza. Ed egli vide le cose così come sono; intendo con ciò che egli vide che esse erano la «quiddità» di *Allâh*, al di fuori del tempo e dello spazio, al di fuori di ogni attributo. Il termine «le cose» si può applicare così all'anima come a qualunque altro oggetto. L'esistenza dell'anima e quella delle cose si identificano nell'idea generale di cosa (*Sciayyiyah* = «cosità», da *sciay* = cosa). Perciò colui che conosce le cose, conosce la propria anima, il suo *proprium*, cioè se stesso; e colui che conosce se stesso conosce il Signore[6]. Perché ciò che tu credi essere diverso da *Allâh* non è altro che *Allâh*, ma tu non lo sai. Lo vedi, ma non sai di vederLo. Dal momento in cui questo mistero sarà stato svelato ai tuoi occhi, che tu cioè non sei altro che *Allâh*, saprai che sei il fine di te stesso, che non hai bisogno di annullarti e che non hai mai cessato di essere, e che mai cesserai d'esistere; mai, come abbiamo già spiegato. Tutti gli attributi di *Allâh* sono i tuoi attributi[7]. Vedrai che il tuo esterno è il Suo, che il tuo interno è il Suo, che il tuo inizio è il Suo e che la tua fine è la Sua, ciò incontestabilmente e senza nessun dubbio. Vedrai che le tue qualità sono le Sue e la tua Natura Intima è la Sua, e ciò senza che tu sia diventato Lui, o che Lui sia diventato te, senza (trasformazione), diminuzione o aumento di sorta. «Tutto perisce tranne il Suo Volto» nell'esterno e nell'interno. Il che vuol dire che non esiste nessuno tranne Lui; che ciò che non è Lui non ha alcuna esistenza, ma è fatalmente perduto, cosicché non rimane che il Suo Volto. In altre parole: nulla è stabile tranne

---

[6] Sic: *Ar-Rabb*; si dovrebbe dire «il suo Signore, *rabbahu*», secondo la formula tradizionale.

[7] In qualche manoscritto si trova: «Tu vedrai che tutte le tue azioni sono quelle di *Allâh* e che tutti i Suoi attributi sono i tuoi»

il Suo Volto[8] (Qualche manoscritto aggiunge: «Dovunque vi voltiate, vi volgerete verso il Volto di *Allâh*»; *Corano*, II, 109). Un esempio: un uomo ignora qualcosa, poi lo apprende. Non è la sua esistenza ad estinguersi, ma soltanto la sua ignoranza: la sua esistenza permane, essa non è stata scambiata contro quella di un altro; l'esistenza del conoscente non è venuta ad aggiungersi all'esistenza dell'ignorante; non è avvenuta nessuna mescolanza di queste due esistenze individuali; non è che l'ignoranza ad essere stata abolita. Non pensare dunque che sia necessario estinguere la tua esistenza, perché ti veleresti con questa stessa estinzione, diverresti tu stesso (per così dire) velo di *Allâh*.[9] Siccome, in questo caso, il velo è qualcosa di diverso da *Allâh*, ne conseguirebbe che altri che *Allâh* possa vincerLo, spingendo i suoi sguardi verso di Lui, il che è errore e fraintendimento grave. Abbiamo detto prima che l'Unicità e la Singolarità sono i Veli di *Allâh*, e non altro. Per questo è permesso al *Wâsil*, cioè a colui che è arrivato alla Realtà (personale), dire: «Io sono il Divino Vero », oppure «Gloria a me; quanto la Mia eccellenza è grande!» Un *Wâsil* di questo genere non può essere arrivato ad un

---

[8] Questo passaggio può essere interpretato, e dunque tradotto, in modi diversi, ma il senso tradizionale è che le cose esistono soltanto in grazia della nostra ignoranza. Esse scompaiono a mano a mano che la nostra ignoranza diminuisce. Essendo la loro esistenza un'illusione, la loro scomparsa è solamente un modo di dire. Ho cercato di spiegare questa idea fondamentale dell'esoterismo musulmano nella *Gnose*: «Pages dédiées au Soleil», anno II, n° 2, p. 65; e «L'Universalité en l'Islam», anno II, p. 121. In questi studi ho designato «le cose» con la perifrasi «la realtà collettiva»

[9] *Allâh* non è mai velato. Così appare, ma è un'illusione. È l'uomo ad essere velato, da se stesso o da altri, sì da non poter vedere il proprio Signore. Così la tradizione.

grado così sublime senza aver visto che i suoi attributi sono gli attributi di *Allâh*, e che il suo intimo essere è l'essere intimo di *Allâh*, senza nessuna trasformazione di attributi o transustanziazione d'essere intimo, senza nessuna entrata in *Allâh* o uscita da Lui (o viceversa). Egli vede che non si annienta in Allâh e che nemmeno persiste con Allâh. Egli vede che la sua anima (cioè il suo *proprium*) non esiste affatto, e non la vede come qualcosa che, esistito, poi si sia estinto; ma vede che non c'è né anima né esistenza salvo la Sua. Il Profeta ha detto: «Non insultate il secolo (*ad-dahru*), perché esso è *Allâh*». Egli ha voluto dire con queste parole che l'esistenza del secolo è l'esistenza di *Allâh* (che Egli sia glorificato ed esaltato). Egli è troppo elevato per avere un associato, un simile o un equivalente qualsiasi. Il Profeta dice in una tradizione *qudsî*[10]: «*Allâh* dice: Mio servitore! Ero ammalato e tu non mi hai visitato; avevo fame e tu non mi hai dato da mangiare; ti ho chiesto l'elemosina e Me la hai rifiutata». Egli ha voluto intendere che era Lui il malato ed il mendicante. Come il malato ed il mendicante possono essere Lui, così tu e tutte le cose della creazione, accidenti o sostanze, potete pure essere Lui. Se si scopre l'enigma di un solo atomo si può conoscere il mistero di tutta la creazione, quella interiore e quella esteriore.

(Vedrai) che *Allâh* non soltanto ha creato ogni cosa, ma vedrai anche che, così nel mondo invisibile come nel mondo visibile, non vi è che Lui, perché questi due mondi non hanno esistenza propria. Vedrai che Egli non è soltanto il loro nome,

---

[10] Le tradizioni che ricevono questo appellativo sono quelle che contengono quanto *Allâh* ha trasmesso direttamente al Profeta. Il Corano è la parola di *Allâh*, rivelata attraverso la funzione mediatrice dell'Angelo Gabriele.

ma anche Colui che dà loro il nome e Colui che è nominato (da loro), e nello stesso tempo la loro esistenza. Vedrai che Egli non soltanto ha creato ogni cosa una volta per tutte, ma vedrai che «Egli è ogni giorno nello stato di Creatore Sublime» (*Corano*, LV, 29), per l'espansione e l'occultamento della Sua Esistenza e dei Suoi attributi, al di fuori di ogni condizione intelligibile. Perché Egli è il Primo e l'Ultimo, l'Esterno e l'Interno. Egli appare nella Sua Unità e si nasconde nella Sua Singolarità. Egli è il Primo per la Sua «perseità». È l'Ultimo per la Sua eterna permanenza. Egli è l'esistenza delle Lettere del Primo e dell'Ultimo; dell'Interno e dell'Esterno, come l'esistenza delle Lettere è Lui. Egli è il Suo nome; Egli è Colui che è nominato. Poiché la Sua esistenza è fatale, logica e dogmatica, così è fatale la non esistenza di ogni altro diverso da Lui.

Ciò che pensiamo essere diverso da Lui non è, di fatto, una bi-esistenza, perché la Sua Esistenza Propria significa che una bi-esistenza non può esistere, perché altrimenti questa bi-esistenza sarebbe il Suo simile. Ora, qualcosa di diverso da Lui non è, perché Egli, essendo, implica che un altro non possa essere diverso da Lui. Quest'altro sarà anch'esso Lui, senza nessuna differenza esteriore o interiore. Colui che è tale, possiede attributi senza numero e senza fine.

Chi è così qualificato possiede attributi innumerevoli. Come chi muore, nel senso comune della parola, è separato da tutti i suoi attributi lodevoli o biasimevoli, così colui che muore in senso simbolico è separato da tutti i suoi attributi lodevoli o biasimevoli. *Allâh* – che Egli sia benedetto ed esaltato – è in suo luogo in ogni circostanza. La «natura intima» di *Allâh* occupa il posto della «sua natura intima»; gli «attributi» di *Allâh* tengono il posto dei «suoi attributi». È perciò che il Profeta ha detto: «Morite prima di morire» cioè

«Conoscete voi stessi (le vostre anime, il vosto *proprium*) prima che muoriate». Egli ha anche detto: «*Allâh* dice: Colui che mi adora non cessa di avvicinarsi a Me con opere supererogatorie fino a che Io non lo ami; e quando Io l'amo, Io sono il suo udito, la sua vista, la sua mano, la sua lingua, ecc.[11] ...». Il Profeta vuol dire: Colui che uccide la propria anima (il suo *proprium*), cioè colui che si conosce, vede che la sua esistenza è la Sua esistenza. Egli non vede nessun cambiamento nella sua «natura intima» e nei suoi «attributi». Egli non vede nessuna necessità che i suoi attributi diventino i Suoi. Perché ha capito che non era lui stesso l'esistenza della propria «natura intima» e che era ignorante quanto al suo *proprium*, e alla sua stessa natura. Quando prendi conoscenza di quel che è il tuo *proprium* ti liberi del tuo dualismo (*Ithnainiyyah*) e saprai che non sei altro che *Allâh*. Se avessi un'esistenza indipendente, un'esistenza diversa di quella di *Allâh*, non dovresti né cancellarti, né avresti da conoscere il tuo *proprium*. Saresti un Signore Iddio diverso da Lui – che *Allâh* sia benedetto, non c'è Signore Iddio altro che Lui. L'interesse della conoscenza di se stessi consiste nel sapere, anzi, nell'avere la certezza assoluta, che la propria esistenza non è né una realtà né una «nihilità», ma che non si è, non si è stati e non si sarà mai. Capirai così chiaramente il senso della formula «*Lâ ilâha illâ Allâh*», «non c'è dio se non Iddio», cioè non vi è altro Dio che Lui, non c'è altra esistenza che Lui, non c'è altro che Lui, non c'è divinità se non Lui.

Se qualcuno obietta: «Tu abolisci la Sua Signoria», io rispondo: Non abolisco la Sua Signoria, perché Egli non cessa d'essere (Signore) magnificante come non cessa d'essere (adoratore) magnificato. Egli non cessa d'essere Creatore così

---

[11] Una celebre «tradizione santa» (*hadîth qudsî*)

come non cessa d'essere creato. Egli è ora[12] quel che è sempre stato. I Suoi titoli di Creatore o di Signore magnificante non sono assolutamente condizionati dall'(esistenza) di una cosa creata o di un (adoratore) magnificato. Prima della creazione delle cose create Egli possedeva tutti i Suoi attributi. Egli è ora quel che è sempre stato. Non vi è alcuna differenza, nella Sua unità, tra la creazione e la preesistenza. Il Suo titolo di Esteriore implica la creazione delle cose, così come il Suo titolo di Occulto o Interiore implica la preesistenza. Il Suo interno è il Suo esterno (o la Sua espansione, la Sua «evidenza»), così come il Suo esterno è il Suo interno; il Suo primo è il Suo ultimo, ed il Suo ultimo è il Suo primo; il Tutto è unico e l'unico è Tutto.

Egli è qualificato: «Tutti i giorni Egli è in stato di Creatore Sublime; nessun altro che Lui era con Lui: Egli è adesso quel che è sempre stato». In realtà nulla che non sia Lui ha esistenza. Quale Egli era, da tutta l'eternità, ogni giorno in stato di Creatore Sublime. Non c'è nulla (con Lui) e nessun giorno (di creazione, ad esclusione di un altro), come non c'è nella preesistenza né cosa né giorno[13], perché l'esistenza delle cose o il loro nulla è tutt'uno. Se così non fosse, sarebbe occorsa la creazione di qualcosa di nuovo, che non sarebbe compreso nella Sua unicità, il che sarebbe assurdo. Il Suo titolo di Unico Lo rende troppo glorioso perché una tale supposizione sia vera.

Quando riesci a vedere il tuo *proprium* così qualificato,

---

[12] Si tratta sempre della «Attualità permanente».

[13] Cioè: anche dal nostro angolo prospettico umano non dovrebbe eserci attualmente nulla di associato al *Allâh*, né giorno particolare di creazione, così come nulla di ciò v'è prima della creazione del mondo.

senza combinare l'Esistenza Suprema con un oppositore, associato, equivalente o compagno, allora lo conosci quale esso è (cioè ti conosci realmente). È perciò che il Profeta ha detto: «Quegli che conosce il suo *proprium* conosce il suo Signore». Egli non ha detto: «Colui che estingue il suo *proprium* conosce il suo Signore». Egli sapeva e vide che nessuna cosa è altro che Lui. Quindi disse che la conoscenza di se stesso, del *proprium* (o della propria anima) è la conoscenza di *Allâh*, ovvero la Gnosi. Conosci cos'è il tuo *proprium*, cioè la tua esistenza[14]; conosci che in fondo tu non sei tu, ma non (lo) sai. Sappi che (quel che tu chiami) la Sua esistenza non è (in realtà) né la tua esistenza né la tua non esistenza. Sappi che non sei né esistente né nulla, che non sei altro che esistente o altro che nulla. La tua esistenza e la tua nullità costituiscono la Sua Esistenza (assoluta, tale che non si può, né si deve, discutere se Essa è o non è)[15]. La sostanza del tuo essere o del tuo nulla è la Sua Esistenza. Dunque, quando vedi che le cose non sono altro che la tua esistenza e la Sua, e quando riesci a vedere che la sostanza del Suo Essere è il tuo essere e il tuo niente nelle cose, senza (tuttavia) vedere qualcosa con Lui o in Lui, allora conosci la tua anima, il tuo *proprium*.

Ora, conoscere se stesso in tal modo, questa è la conoscenza di *Allâh*, la Gnosi, al di sopra di qualunque

---

[14] Vale a dire ciò che poteva essere la tua vita individuale separata dalla vita universale.

[15] Le parole entro parentesi sono tentativi del traduttore per precisare il testo secondo il pensiero dell'autore. Una traduzione (*targiumanh*) dall'arabo o dal cinese in una lingua occidentale, corrisponde in fondo ad un commento indigeno, nella lingua del testo.

equivoco, dubbio o associazione di una cosa temporanea con l'eternità, senza vedere nell'eternità, o per mezzo di essa o al fianco di essa, altro che l'eternità.

Se qualcuno domanda: «Come dunque si opera l'Unione (*al-Wisal*), giacché tu affermi che non esiste altri che Lui? Una cosa unica non può unirsi altro che con sé stessa», la risposta è: In realtà non c'è unione (*wasl*) né separazione (*fasl*), così come non c'è allontanamento (*bu'd*) né avvicinamento (*qurb*). Non si può parlare d'unione che tra due, e non quando si tratta di un'unica cosa. L'idea di unione o di arrivo comporta l'esistenza di due cose, analoghe o no. Analoghe, esse sono simili. Se non sono analoghe, esse si oppongono. Ora, *Allâh* – che Egli sia esaltato – non ha simili né rivali, né è affetto da opposizioni. Ciò che ordinariamente si chiama «unione», «prossimità» o «allontanamento»[16], non sono affatto tali (nel senso proprio della parola). È l'unione senza unificazione, l'avvicinamento senza prossimità e l'allontanamento senza nessuna idea di vicinanza o di lontananza.

Se qualcuno domanda: «Che cos'è la congiunzione senza congiunzione, la prossimità senza prossimità, o l'allontanamento senza allontanamento?», la risposta è: Io intendo dire che, nello stato che tu chiami «prossimità» (*qurb*), tu non sei altro che Lui – che Egli sia esaltato. Tu non

---

[16] *Wisal, qurb, bu'd*; termini sufici molto usitati. Designano dei fenomeni psicologici e sono impiegati soprattutto in morale. Perciò sono caduti più che altre concezioni sufiche nella volgarità sentimentale, dopo aver perduto il loro vero significato. Spetta ai metafisici restituire il senso primitivo alle parole che designano i princìpi. Come un grande artista trasforma un fatto banale in un monumento immortale, così il metafisico purifica il luoghi comuni sbarazzando la Tradizione dalla banale ripetizione incosciente.

eri altro che Lui, ma non conoscevi te stesso; non sapevi che eri Lui e non te. Quando arriverai ad *Allâh*, cioè quando conoscerai te stesso «senza le lettere della conoscenza»[17], conoscerai che sei Lui, e che non sapevi prima se eri Lui o no[18]. Quando la conoscenza (*al-irfân*), ti sarà giunta, saprai che hai conosciuto *Allâh* per mezzo di *Allâh*, e non da te stesso. Facciamo un esempio: supponiamo che tu non sappia che il tuo nome è Mahmud, o che devi essere chiamato Mahmud, perché il vero nome e colui che lo porta sono in realtà identici. Ora, tu immagini di chiamarti Muhammad; ma, dopo un po' che rimasto nell'errore, finisci per sapere che sei Mahmud e che non sei mai stato Muhammad. Tuttavia la tua esistenza continua (come nel passato), ma il nome Muhammad ti è stato tolto; questo è successo perché hai saputo che sei Mahmud e che non sei mai stato Muhammad. Tu non hai cessato di essere Muhammad per estinzione di te stesso (*al-fanâ annafsika*) perché cessare di esistere (*fanâ*) presuppone l'affermazione di un'esistenza antecedente. Ora, chi affermi una qualunque esistenza oltre la Sua, dà un associato a Lui – che Egli sia benedetto e che il Suo nome sia esaltato. (Nel nostro esempio) Mahmud non ha perduto mai nulla. Muhammad non ha mai vissuto (letteralmente: non ha

---

[17] Per mezzo della sintesi, trasformata e vivificata, delle conoscenze particolari e precisabili.

[18] I manoscritti che ho a disposizione sono assai diversi gli uni dagli altri. In alcuni di essi leggo: «... se eri Lui o alcunché di diverso da Lui». Da un'altra parte trovo: «... se eri Lui o Lui era diverso da Sé». Una terza categoria di manoscritti porta: «... se eri Lui o Lui era Se stesso». La confusione è però soltanto apparente, giacché la tradizione afferma, come più avanti vedremo. Che Egli è la Gnosi e che la Gnosi è Lui. *Allâh* è visto dall'occhio di *Allâh*.

mai respirato, *nafasa*) in Mahmud, non è mai entrato in Lui o uscito da Lui, e così Mahmud in rapporto a Muhammad. Appena Mahmud si è accorto di essere Mahmud e non Muhammad, egli si conosce, cioè conosce il suo *proprium*, e ciò di per se stesso, non in grazia di Muhammad. Questi non esisteva; come avrebbe potuto informarlo di qualche cosa?

Dunque, «Colui che conosce» e «Ciò che è conosciuto» sono identici, così come sono identici «Colui che arriva» e «Ciò a cui si arriva», «Colui che vede» e «Ciò che è visto». «Colui che sa» è Suo attributo (*sifa*); «ciò che è saputo» è la Sua essenza o «natura intima» (*Dhât*). «Colui che giunge» è il suo attributo; «Ciò a cui si arriva» è la sua essenza. Ora, la qualità e ciò che la possiede sono identici. Questa è la spiegazione della formula «Colui che si conosce, conosce il proprio Signore». Chi afferra il senso di questa similitudine comprende che non vi è né unione (congiunzione o arrivo) né separazione. Egli capisce che «Colui che sa» è Lui, e che «Ciò che ha saputo» è ancora Lui. «Colui che vede» è Lui; «Ciò che è visto» è ancora Lui. «Colui che arriva» è Lui; «Ciò a cui si arriva» nell'unione è anch'esso Lui. Nessun altri che Lui può congiungersi a Lui o arrivare a Lui. Nessun altri che Lui si separa da Lui. Chiunque possa comprendere ciò, è completamente immune dalla grande idolatria (*shurkusshurki*, l'idolatria dell'idolatria).

La maggior parte degli iniziati che credono di conoscere il loro *proprium* ed il loro Signore, e che si immaginano di sfuggire ai legami dell'esistenza, dicono che la Via non è praticabile, o neppure visibile, che per l'estinzione dell'esistenza (*al-fanâ*) e per l'«estinzione di questa estinzione» (*al-fanâ al-fanâ'i*). Costoro dogmatizzano così perché non hanno affatto compreso la parola del Profeta – che *Allâh* preghi su di lui e lo saluti. Poi, volendo rimediare all'idolatria (che risulta dalla contraddizione[19]), hanno talvolta parlato dell'«estinzione», quella cioè dell'esistenza, e tal altra dell'«estinzione dell'estinzione»; talvolta del «cancellamento» (*al-mahw*) e tal altra della «sparizione» (*al-istilam*). Ma tutte queste spiegazioni equivalgono a pura e semplice idolatria, poiché chiunque affermi che esiste qualcosa al di fuori di Lui, che in seguito si estingue, oppure parla dell'estinzione dell'estinzione di questo qualcosa, un tal uomo, diciamo, si rende colpevole di idolatria per la sua affermazione dell'esistenza, presente o passata, d'un altro che non sia Lui[20]. Che *Allâh* – che il Suo nome sia esaltato – li conduca, e conduca anche noi, sul sentiero della verità.

Versi:

> *Pensavi di esser te Ma tu non sei e non sei mai stato.*
> *Se tu fossi stato te, saresti il Signore, secondo di due!*
> *Abbandona questa idea.*
> *Perché non c'è nessuna differenza tra voi due, quanto all'esistenza.*
> *Egli non è diverso da te e tu non sei diverso da Lui.*

---

[19] L'idolatria della bi-esistenza (il dualismo) non è sfuggita a nessun teologo islamico che abbia pensato in arabo. Tale lingua è infatti algebrica, così che lo studio della grammatica è, per così dire, l'esposizione del modo di azione del pensiero. In arabo è difficile condurre un ragionamento errato senza provocare errori di sintassi, di lessico, o simili. La chiarezza della frase araba è la miglior prova della santità di questa lingua, ovvero della sua primordialità, del suo edenismo. Nel cinese, e in parte nel malese, si ritrovano cose analoghe.

[20] È cioè un dualista, poiché crede nella bi-esistenza di ciò che esiste.

*Se per ignoranza dici che sei diverso da Lui, sei d'animo
grossolano.*
*Quando la tua ignoranza cesserà, ti affinerai, perché la tua
unione è la separazione*
*e la tua separazione è la tua unione, Il tuo allontanamento è un
avvicinarsi,*
e il tuo avvicinarsi una partenza[21]*. È così che diventerai
migliore.*
*Cessa di fare dei ragionamenti e comprendi con la luce
dell'intuizione.*
Senza di che ti sfuggirà ciò che irraggia da Lui[22]*.*
Guardati dall'attribuire compagni ad Allâh
Perché ti avviliresti, e ciò a causa della vergogna degli idolatri.

Se qualcuno dice: «Tu pretendi che la conoscenza di te stesso
sia la conoscenza di *Allâh* – che il Suo nome sia esaltato –;
l'uomo è diverso da *Allâh* quand'anche conosca se stesso[23]:
ora, colui che è diverso da *Allâh* come può conoscerLo? Come
può arrivare fino a Lui?», la risposta è: «Chi conosce se stesso
conosce il proprio Signore». Sappi che l'esistenza di un tal
uomo non è la sua, né quella di un altro, ma quella di *Allâh*
(senza una qualunque fusione di due esistenze in una), senza
che la sua esistenza entri in *Allâh*, esca da Lui, sia parallela
alla Sua o in Lui risieda. Ma egli vede la sua esistenza tal

---

[21] *Fa wasluka higrun wa higruka waslun – wa bu'duka qurbun wa qurbuka
bu'dun.*

[22] Lettura incerta: traduco questo verso tentando di indovinare le
intenzioni dell'autore.

[23] La sfumatura di accentuazione proviene dal traduttore;
letteralmente: Colui che conosce il suo *Proprium*, è diverso da *Allâh*.

quale essa è[24]. Niente è diventato che non sia già prima esistito[25], e niente cessa di esistere per cancellamento, estinzione o estinzione di una estinzione. L'annientamento di una cosa implica la sua esistenza anteriore. Pretendere che una cosa esista di per sé stessa significa credere che questa cosa si è creata da sé, che essa non deve al sua esistenza alla potenza di *Allâh*; il che è assurdo agli occhi e agli orecchi di tutti. Devi notar bene che la conoscenza che possiede colui che conosce il suo *proprium* è la conoscenza stessa che *Allâh* possiede del Suo *proprium*, di Se Stesso, perché il Suo *proprium* non è altro che Lui. Il Profeta – cha *Allâh* preghi su di lui e lo saluti - ha voluto significare con *proprium* (*nafs*), l'esistenza stessa. Per chiunque è arrivato a questo stato di conoscenza, il suo interno e il suo esterno non sono altro che l'esistenza di *Allâh*, la parola di *Allâh*; la sua azione è quella di *Allâh*, e la sua pretesa di conoscere se stesso è la pretesa alla Gnosi, cioè alla perfetta conoscenza di *Allâh*. Tu senti la sua pretesa, vedi i suoi atti, ed il tuo sguardo incontra un uomo che è diverso da *Allâh* (come vedi te stesso diverso da *Allâh*), ma ciò non è dovuto a nient'altro che al fatto che tu non possiedi la conoscenza di te stesso. Dunque, se «il Credente è

---

[24] *Bihalihi*, cioè: egli vede il suo posto nell'ordine. Ora, l'ordine è siffatto che tutto è ognuno e ognuno è tutto. Ogni «luogo», ogni «particolare», implica tutto l'insieme, e l'ordine tutto si ritrova in ogni luogo. È perciò che qualunque cosa che sia l proprio posto, per quanto infima, rappresenta la totalità. Chi è nell'ordine è egli stesso l'ordine. Ma l'ordine è *Allâh*.

[25] Consideriamo questo trattato come la migliore esposizione del pensiero islamico-semitico, a causa della sua negazione del tempo e del progresso. Senza questa nozione nulla si può comprendere dell'immobilità viva. Che, sotto diverse denominazioni, è il principio dell'arte, della magia, della morale e dell'esoterismo.

lo specchio del credente»[26], allora egli è Lui stesso (in virtù della sua essenza, o del suo occhio = 'ain),[27] cioè in virtù del suo sguardo. La sua essenza (o il suo occhio) è l'essenza di *Allâh*; il suo sguardo è lo sguardo di *Allâh*, senza alcuna specificazione (*kayfiah*)[28]. Quest'uomo non è Lui secondo la tua visione, la tua scienza, il tuo giudizio, la tua fantasia o il tuo sogno, ma è Lui secondo la sua visione, la sua scienza e il suo sogno[29]. Se egli dice: «Io sono *Allâh*», ascoltalo attentamente, perché non è lui, ma *Allâh* stesso che pronuncia le parole: «Io sono *Allâh*». Ma tu non sei arrivato allo stesso suo grado di sviluppo spirituale. Se tale fosse il caso, comprenderesti la sua affermazione, diresti come lui e vedresti quello che egli vede.

Riassumiamo: l'esistenza delle cose è la Sua esistenza senza che le cose siano. Non lasciarti ingannare dalla sottigliezza e dall'ambiguità delle parole, in modo da immaginare che *Allâh* sia creato. Qualche iniziato ha detto: «Il Sufî è eterno», ma egli non ha parlato che dopo che tutti i misteri gli sono stati svelati, e che i dubbi e le superstizioni sono stati dispersi. Questo immenso pensiero non può però convenire che a colui la cui anima è più vasta dei due mondi.

---

[26] *Al-mu'minu mir'atul-mu'min*, celebre tradizione che può essere interpretata in diversi modo, giacché *al-Mu'min* = il credente, è pure uno dei nomi di *Allâh*. Si può leggere: il credente è lo specchio del credente, che è l'interpretazione sociale e morale; o: il credente è lo specchio del Credente, che è la stessa idea espressa in campo psicologico. Abbiamo preferito nel testo l'idea in campo metafisico.

[27] *Bi'ainihi; 'Ain* = occhio, o anche sorgente, essenza, viene usato abitualmente nel senso di «stesso», così come le espressioni *binafsihi*, *bidathihi*, ecc.

[28] Termine scolastico tratto dalla particella *kaif* = come.

[29] Inutile dire ai lettori che egli è Se stesso secondo la sua visione.

Quanto a colui la cui anima è solo grande quanto i due mondi, questo pensiero non gli conviene[30]. Perché in verità questo pensiero è più grande del mondo sensibile e del mondo soprasensibile messi assieme. Infine, sappi che «Colui che vede» e «Ciò che è visto», «Colui che fa esistere» e «Ciò che esiste», «Colui che conosce» e «Ciò che è conosciuto», «Colui che crea» e «Ciò che è creato», «Colui che raggiunge per mezzo della comprensione» e «Ciò che è compreso» sono tutti lo Stesso. Egli vede la Sua esistenza per mezzo della Sua esistenza, la conosce per mezzo di essa e la raggiunge per mezzo di essa, senza nessuna specificazione e al di fuori delle condizioni ordinarie o delle forme ordinarie della comprensione, della visione e del sapere. Come la Sua esistenza è incondizionata, la Sua visione di Se stesso, la Sua intelligenza di Se stesso e la Sua scienza di Se stesso sono ugualmente incondizionate.

Se qualcuno domanda: «Come consideri quel che è attraente o ripugnante? Se per esempio vedi una sporcizia o una carogna, forse dici che è *Allâh*?», la risposta è: *Allâh* è sublime e puro, Egli non può essere queste cose. Noi non parliamo a colui che non vede una carogna come una carogna o un escremento come un escremento. Noi parliamo a coloro che vedono, e non ai ciechi. Colui che non si conosce è un cieco, nato cieco. Prima che cessi la sua cecità, naturale o acquisita, egli non potrà comprendere quel che vogliamo dire. Il nostro discorso è con *Allâh*, e non con altri che Lui, o con dei ciechi nati. Colui che è arrivato alla stazione spirituale che è necessario aver raggiunto per capire, quegli sa che non

---

[30] Nel testo: «...ma tale boccone può gustarlo soltanto quegli la cui gola sia più vasta dei due mondi. Esso non conviene a colui la cui gola è sola vasta quanto i due mondi.

vi è niente che esista tranne *Allâh*. Il nostro discorso è fatto per chi cerca con ferma intenzione e perfetta sincerità di conoscere se stesso (in nome) della conoscenza di *Allâh* – che Egli sia esaltato – e che nel suo cuore conserva in tutta la sua freschezza la forma[31] nella sua domanda e nel suo desiderio di giungere ad *Allâh*. Il nostro discorso non è diretto a coloro che non hanno né direzione né scopo.

Se qualcuno obietta: «*Allâh* – benedetto e santo – ha detto: Gli sguardi non possono raggiungerLo, ma Egli raggiunge gli sguardi[32], tu dici il contrario; dov'è la verità?», la risposta è questa: Tutto quel che abbiamo detto è una parafrasi della parola divina: «Gli sguardi non hanno il potere di raggiungerLo», cioè nessuno, né gli sguardi di nessuno, possono percepirLo. Se tu dici che in ciò che esiste vi è la presenza di altri diverso da Lui, devi convenire che questo diverso da Lui può raggiungerLo. Ora (in questa parte del Suo detto): «Gli sguardi non possono raggiungerLo», *Allâh* avverte (il credente) che non esiste un altro diverso da Lui. Voglio dire con ciò che uno diverso da Lui non può percepirLo, ma che colui che Lo percepisce è Lui, *Allâh*, Lui e nessun altro. Egli solo percepisce e comprende la propria vera «natura intima» (*adh-Dhât*) e nessun altro. Gli sguardi non Lo raggiungono perché non sono altro che la Sua esistenza.

Di colui che dice che gli sguardi non possono raggiungerLo perché sono creati, e ciò che è creato non può

---

[31] *Çurah*: la forma, l'immagine. Ho preferito la «forma»: 1) per evitare il più possibile ogni antropomorfismo; 2) perché la forma, o addirittura la «formula», ha un'importanza molto maggiore, e nell'*Islâm* occupa un posto più elevato che altrove.

[32] *Corano*, Sura VI versetto 103.

raggiungere l'increato o l'eterno, di quest'uomo noi affermiamo che non conosce ancora se stesso. Non vi è nulla, assolutamente nulla, sguardi o checchessia, che esista all'infuori di Lui, ma è Egli che comprende la propria Esistenza senza (tuttavia) che tale comprensione esista in un modo qualunque.

Versi:

> *Ho conosciuto il mio Signore per mezzo del mio Signore,*
> *senza confusione né dubbio.*
> *La mia «natura intima» (dhât) è la Sua,*
> *realmente, senza mancanze o difetti.*
> *Tra noi due non c'è divenire[33],*
> *e la mia anima è il luogo dove il mondo occulto si manifesta.*
> *Da quando ho conosciuto la mia anima senza mescolanza né*
> *agitazione,*
> *Sono giunto all'unione con l'oggetto del mio amore*
> *senza che più ci sia tra noi distanza, né lunga né breve.*
> *Ricevo grazie senza che nulla discenda (verso di me) dall'alto,*
> *senza rimproveri e senza nemmeno motivi.*
> *Non ho cancellato la mia anima per causa Sua,*
> *ed essa non ha durata temporale, così da essere distrutta dopo.*

Se qualcuno domandasse: «Tu affermi l'esistenza di *Allâh* e neghi l'esistenza di qualsiasi altra cosa (tranne lui); e che sono dunque le cose che noi vediamo?», la risposta è: «Queste discussioni si rivolgono a chi non vede null'altro che *Allâh*. Quanto a chi vede qualcosa all'infuori di *Allâh*, a costui noi non abbiamo né domande da fare né risposte da dare, poiché

---

[33] Dunque, niente transubstanziazione, incarnazione, ecc. Varianti: *Higrân* = evasione, emigrazione; *Hairìan* = stupefazione, ecc.

egli non vede che quel che vede; mentre colui che conosce se stesso non vede altro che *Allâh* (in tutto quel che vede). Chi non conosce se stesso non vede *Allâh*, poiché ogni recipiente non lascia filtrare che ciò che contiene.

Ci siamo già dilungati molto sul nostro argomento. Continuare sarebbe inutile, perché chi non è fatto per vedere non vedrebbe di più (per mezzo dei nostri sforzi). Egli non comprenderà e non potrà raggiungere la verità. Colui che può vedere, vede, comprende e raggiunge la verità (per mezzo di ciò che abbiamo detto). Per chi è arrivato, è sufficiente una piccola indicazione perché, a questa luce, possa trovare la vera Via, camminare con tutte le sue energie e giungere all'oggetto del suo desiderio, con l'aiuto di *Allâh*.

Che Allâh ci prepari per ciò che Gli piace e gradisce in fatto di parole, atti, scienza, intelligenza, luce e vera direzione. Egli può tutto, e risponde a ogni preghiera con la risposta giusta. Non c'è mezzo né potere che in Allâh, l'Altissimo, l'Immenso. Preghi Egli sulla migliore delle sue creature, sul Profeta, e su tutti i membri della sua famiglia. *Âmîn*

Analisi del Trattato

di Michel Vâlsan
Shaykh Mustafa ' Abd al-'Aziz

Prima di affrontare lo *hadith* di cui si deve fare il commento, l'opera inizia con una esposizione delle idee fondamentali che devono intervenire nell'esame del tema, secondo l'abituale modalità dossologica della *khutbah*.

Si ha così l'affermazione dell'Unicità (*al-Wahdaniyyah*) e della Singolarità (*al-Fardâniyyah*) divine, concepite come escludenti non soltanto l'alterità, ma ogni distinzione reale, ogni coesistenza e ogni processo: identità perfetta tra il Nome e il Nominato, così tra le posizioni intelligibili rappresentate da coppie di Nomi divini opposti e complementari, come il Primo (*al-Awwal*) e l'Ultimo (*al-Âhir*), l'Esteriore (*al-Zahir*) e l'Interiore (*al-Batin*), identità anche tra la Preesistenza e l'Adesso. Il divenire è inesistente, racchiudere Dio nei limiti dell'incarnazione (*hulûl*) è impossibile, il tutto risiede in una identità immutabile da tutta l'eternità e per tutta l'eternità. La conoscenza di *Allâh* non è possibile che al di fuori di ogni facoltà particolare e al di fuori di ogni "mezzo". Non vi è che Lui-Stesso che Si conosce, e ciò significa sia una trascendenza assoluta sia una identità universale. Le Sue rivelazioni e i Suoi messaggi profetici sono degli svelamenti di Se-Stesso a Se-Stesso e per mezzo di Se-Stesso: l'Autore del Messaggio, il Messaggio stesso, il Messaggero e il Destinatario sono una Ipseità unica che senza alcuna distinzione, e al di fuori di ogni processo reale, agisce ineffabilmente in Se-Stessa.

L'introduzione (nell'argomento) si fa con la citazione dello *hadith*. La verità della formula {Colui che conosce se stesso conosce il suo Signore} è presentata come una conseguenza immediata dell'Unicità dell'Esistenza, e una illustrazione delle verità enunciate nel prologo. L'accezione nel senso dell'Identità Suprema è sostenuta con l'aiuto di un secondo *hadith*: {*Ho conosciuto il mio Signore per mezzo del mio Signore*}. Questo verifica e interpreta in qualche modo il primo. La legge d'identità universale e assoluta, esige che non vi siano dei "mezzi" adeguati della Conoscenza vera se non il Fine stesso. L'"anima", il "se-stesso" che sembrerebbe essere uno strumento o un intermediario della conoscenza non può avere alcuna realtà in sé stessa. Non può trattarsi che di Lui-stesso. La dimostrazione arriva dunque all'affermazione dell'inesistenza assoluta dell'"io" o dell'essere distintivo, e nello stesso tempo, per una conversione immediata, all'affermazione dell'Identità assoluta: Tu sei Lui e Lui è Te. Tu non esisti perché Tu sei Lui. È così che si trova la "crisi" razionale del principio logico di contraddizione.

In seguito sono tratte alcune conseguenze che aprono delle prospettive operative sul metodo afferente l'Identità Suprema: le nozioni iniziatiche abituali di *fanâ' al-wujûd* ("l'estinzione dell'esistenza", dell'"io" o dell'"essere") e di *fanâ' al-fanâ'* (l'estinzione di questa prima estinzione per quanto questa possa significare un processo effettivo) sono inadeguate, inconcepibili, assurde. Esse costituiscono dal punto di vista metafisico il "peccato" del *širk*, l'associazione di un'altra esistenza all'Esistenza Unica Perfetta e Immutabile. L'affermazione dell'esistenza di un'altra realtà foss'anche di grado inferiore precedente l'Esistenza per eccellenza è falsa; la pretesa di sopprimerla dopo averla affermata come esistente è contraddittoria: ciò che è è, e ciò che è non può non essere. Di conseguenza affinché la conoscenza dell'anima sia la Conoscenza di *Allâh*, l'anima deve essere compresa come non avente in se stessa alcun rapporto con l'esistenza o con la cessazione dell'esistenza! Il vero stato dell'anima è quello di Non-Cosa, e questo stato è immutabile dal Senza Inizio (*al-Azal*) fino al Senza Fine (*al-Abad*) dall'Eternità, in un Eterno Presente (*al-Ân*). L'anima risiede inalterata in questo Istante eterno e *Allâh* è Lui-Stesso questo Istante. L'altro non esiste. L'Alterità non è ammessa in alcuna delle modalità speculative correnti: nella metafisica islamica vi è un modo speciale d'espressione delle relazioni supreme immediate con preposizioni come bi = "per mezzo", fi = "nel" o "in", min = "di" (= "procedente da"), ma'a = "con", ecc. così si hanno comunemente le nozioni di esistenza "per *Allâh*", in "*Allâh*", "procedente da *Allâh*", e non si ammette mai che ci sia qualcosa "con *Allâh*". Nel nostro trattato le nozioni di "per *Allâh*", "proveniente da *Allâh*" e anche "in *Allâh*", sono, sotto il rapporto dell'esistenza, denunciate tutte come implicanti la coesistenza "con *Allâh*" e per conseguenza proscritte e abolite. La nozione che nega essenzialmente la dottrina del nostro trattato è dunque quella della "coesistenza" rappresentata dall'idea e dell'espressione "con *Allâh*", perché questo costituisce metafisicamente e ontologicamente l'affermazione di una dualità, un *širk*. Anche quando si tratta di sapere quale sia la via della conoscenza si ha necessariamente l'enunciato di una regola contemplativa di Esistenza pura, di Non-Dualità e d'Identità: *Allâh* era, e nessuna Cosa con Lui. Egli è Ora tale quale Era. Così questa formula si analizza in una enunciazione dell'Esistenza: *Allâh* era (nel senso assoluto di "è" perché il termine *kâna* = "era" esprime in realtà nella grammatica araba uno stato di compimento perfetto), una condizione di Non-Dualità: Nessuna Cosa con Lui, e una affermazione d'Identità: Egli è Ora tale quale Era.

Con ciò si potrebbe dire che la sostanza dottrinale del soggetto è completa. Le difficoltà di comprensione o delle obiezioni presentate sotto forma di domande possibili sorgono in seguito. L'autore le risolverà successivamente stabilendo ogni volta più esplicitamente e più fermamente la sua tesi assoluta. La dissertazione continua così in una sorta d'incantazione intellettuale che si avvolge senza posa su se stessa, sempre la stessa e ogni volta rinnovata, in una inalterabile trascendenza. Ogni nuova nozione introdotta da una obiezione o una difficoltà è immediatamente presa in questo movimento e istantaneamente convertita come prova e illustrazione della stessa verità. Questo metodo dialettico è così esso stesso una espressione immediata dell'evidenza intellettuale dell'Identità universale.

Se qualcuno dice di vedere la sua anima "altra che *Allâh*" e non crede che *Allâh* sia la sua anima, la risposta sopprime l'anima conosciuta: attraverso l'"anima" bisogna comprendere l'essere puro, l'esistenza in senso assoluto, al-wujûd, la verità essenziale dell'essere, *al-haqiqah*. Così intesa l'"anima" è allora per opportunità metodica, secondariamente assimilata alle "cose", a tutto ciò che si enuncia come "altro che *Allâh*".

Non è che per girare immediatamente con l'insieme di queste analogie sul perno dell'Unicità. Ciò con l'aiuto di un *hadith* dove il Profeta chiede ad Allâh di fargli vedere «le cose come esse sono». *Allâh*, avendogli fatto vedere che le cose non hanno alcuna esistenza, egli le vede come nient'altro che l'Essenza di *Allâh*. Ma la nozione di "cose" include quella dell'"anima" stessa. Conoscendo le "cose", il Profeta conosce anche la sua "anima", e conoscendo l'anima egli conosce il Signore. La conclusione affascina: «ciò che tu t'immagini essere "altro che *Allâh*" non è altro che Lui-Stesso. Tu stesso non sei altro che Lui: Tu sei il tuo proprio fine, sei Te stesso quello che cerchi. Tu non hai bisogno di alcuna estinzione, tu sei da tutta l'eternità e rimarrai per tutta l'eternità identico a te stesso. Tu vedi così che i tuoi attributi e la tua essenza sono i Suoi Attributi e la Sua Essenza senza alcun divenire in te-stesso e senza alcun processo di trasformazione dall'uno all'altro, {Ogni cosa è caduca salvo il Suo Volto} dice il Corano,[1] e il Volto di *Allâh* è la Sua Essenza provvista di tutti gli Attributi identici a Essa-Stessa. E la conoscenza dell'Identità non implica alcun processo di trasformazione, di sostituzione, d'aggiunta o d'interpenetrazione tra l'ignorante iniziale e il conoscitore finale, ma la semplice sparizione dell'ignoranza. Pensare che ci si debba estinguere è credere che si è velo d'*Allâh*, allorché il Velo di *Allâh* non è che la sua Unicità e la Sua Singolarità, Lui-Stesso dunque. [Un tale

---

[1] *Corano*, 28, 88.

"velo" non è d'altronde qualche cosa che debba né possa essere rimosso; meglio ancora questo velo, lo si deve "conoscere", non "rimuovere".] Ragion per cui colui che constati questa identità può legittimamente dire «Io sono il Vero-divino» o «Gloria a Me! Perché io sono Magnifico». Delle nuove prove tradizionali arrivano a rafforzare la tesi che ciò che pare "altro che *Allâh*" è *Allâh* Stesso: {non maledite il Tempo perché il Tempo è *Allâh*}. Il malato, l'affamato e il mendicante sono *Allâh* Stesso sotto l'apparenza della creatura, dice un *hadith* divino. Così tutte le cose esistenti, e tu stesso con loro, sono Lui. Quando in un solo punto dell'universo questo segreto fondamentale dell'esistenza unica, è scoperto, da tutti i punti, da tutti gli atomi, e in tutti i mondi, lo stesso segreto emerge nel modo più manifesto. Colui che veda ciò, vede che la creazione non è stata un atto isolato, e una volta per tutte, ma che essa è un'Opera eterna e unanime perché {Egli è ogni giorno intento a un'Opera}[2] o all'"Opera per eccellenza" che è incessante e simultanea attività di manifestazione e d'occultamento di Se-Stesso e in Se-Stesso. Infine, così come la non-esistenza di un altro che Lui in quanto "altro" è necessaria, al punto che l'altro-che-Lui è Lui-Stesso e non un "altro". Colui che è così è Infinito. La morte iniziatica suprema dell'essere è come una resurrezione in quanto Dio. È là il senso e lo scopo dell'ingiunzione del Profeta: {Morite prima di morire!}. Se vuole sapere inoltre come appare questa Trasfigurazione suprema nell'essere? *Allâh* dice: {Il servitore non cessa di avvicinarsi a Me con le sue opere surerogatorie fintanto che Io l'amo, e quando Io lo amo sono io che sono il suo udito, la sua vista, la sua mano, il suo piede...}, ecc. E l'autore, per

---

[2] *Corano*, 55, 29.

dissipare l'impressione, che potrebbe risultare da queste formule, di un processo operativo qualunque, riporta le cose alla sua tesi immutabile: *Allâh* ha indicato così che colui che conosce la propria anima vede tutta la sua esistenza come se fosse l'Esistenza di Allâh senza alcun cambiamento d'essenza o di attributi! Esso comprende solamente che è stato ignorante di quel che era.

Di conseguenza «la dottrina della conoscenza di sé esige che tu sappia e realizzi che la tua esistenza non è né esistenziata né annientata, che tu non sei qualche cosa che è, che tu non sei mai stato e non sarai mai». Bisogna dire che affinché questa conoscenza sia positiva è necessario che si colleghi in modo immediato alla sola Esistenza necessaria, quella di *Allâh*. L'autore non lo dice qui in termini diretti, ma la cosa risulta dalle parole che aggiunge: «Da ciò ti apparirà il senso della formula sacra di Testimonianza: Lâ ilâha *illa-Llâh* = "Nessuna divinità se non la Divinità (*Allâh*)", vale a dire non c'è divinità altra che Lui, che l'altro-che-Lui non ha esistenza, che non vi è "altro" se non è Lui-stesso questo Altro, che non vi è divinità se non Lui-Stesso». In questa conoscenza dunque l'essere si realizza e si conosce come inesistente in quanto "altro" ma Esistente in quanto Lui. Questi sono i termini della tesi nell'esoterismo islamico.

Con ciò anche noi rimaniamo davanti a tutti i rischi dell'intelligenza e della fede. Una obiezione si eleva inquieta: Ma tu lo separi dalla Sua Signoria, tu l'usurpi! Questo maestro sconcertante e salutare risponde: Io non potrei dividerLo! Aggiungo al contrario alla Sua gloria tutto ciò che si può affermare di apparentemente in difetto! Poiché Egli non cessa di rimanere Signore di Gloria dato che Egli è anche il servitore che glorifica. Egli non cessa di essere e Creatore universale e ogni sua creatura che proclama la realtà unica del Suo potere e del Suo atto creatore. Egli è Ora tale quale Era. Vale a dire che Egli è nella sua creazione tale quale è da tutta l'eternità perché questa creazione non è nient'altro che la Sua qualità eterna preesistenziale di Creatore. Il momento della creazione è identico all'Eternità senza esserne stato mai distinto, poiché l'Eternità risiede in un 'attimo' immutabile che è dotato di tutti gli aspetti eterni ed esistenziali. Il Tutto è Unico e l'Unico è Tutto. La Sua Opera creatrice è la Sua Opera Senza Inizio né Fine {*Ogni giorno Egli è intento a un'Opera*} dice un versetto coranico. Si tratta di un Giorno che non è un "giorno" e di un'Opera che non è un "opera". Questo Giorno è l'Eternità stessa e questa Opera l'Universalità immutabile in permanente attualità. L'esistenza delle cose create o la loro non-esistenza è tutt'uno aggiunge l'autore per rendere vana ogni resistenza. Se non fosse così bisognerebbe ammettere che la creazione accresce l'esistenza e che la perfezione dell'Unicità non è. Dopo aver messo il suo contraddittore di fronte alla sua vera responsabilità, e averlo legato al rispetto della Verità tradizionale dell'Unicità, il maestro conclude: conosci la tua anima senza il peccato di associazione. *Allâh* ti conosce in quanto sei *Allâh*! Non vi è alcuna empietà, perché l'empietà è di astenersi da questo omaggio supremo dovuto all'Unicità Universale che è quello di vedere l'Identità di tutte le cose con Lui. Ed ecco il balsamo di questa grazia d'incorruttibilità formulata in termini di straordinario rigore sia nell'affermazione sia nella negazione: «sappi che la tua esistenza non è né la tua esistenza né altro che la tua esistenza, che tu non sei né esistente né annientato, né altro che esistente né altro che annientato. La tua esistenza e il tuo nulla sono la Sua Esistenza, senza esistenza e senza nulla. Vale a dire non nel senso che sono la tua esistenza e il tuo nulla stessi a costituire la Sua Esistenza, né che la Sua

Esistenza sia la stessa della tua esistenza e del tuo nulla». Con ciò sembra che abbiamo rimosso l'ostacolo della fede imperfetta per arrivare a questa Fede assoluta che procede da una Scienza incrollabile. Tradizionalmente viene tradotta come una "fede procedente da una scienza" (*'imâm 'an ilm*) ed essendo qui nel dominio della Scienza Suprema, la Fede che vi corrisponde è la Fede Perfetta. Ora, incontreremo delle questioni e delle obiezioni che hanno piuttosto un carattere tecnico. Si tratta di sapere come giustificare in rapporto a questa verità acquisita nozioni iniziatiche utilizzate dall'autore e che sembrano implicare delle modalità operative e distintive.

Di primo acchito come ammettere l'idea di una Unione o di un Arrivo (*Wisâl*) dal momento che non vi è che un Unico nell'esistenza? L'interrogato si accontenterà di rispondere con i termini di unione o giunzione (wasl) e di separazione (fasl), di allontanamento (*bu'd*) e di prossimità (*qurb*) che sono delle espressioni che non devono essere prese nella loro accezione ordinaria. In realtà non vi è che un Unico, l'Unione è senza "unione", la Prossimità senza "prossimità" e l'Allontanamento senza "allontanamento".

Da tutto questo l'idea di unione senza "unione" appare come la più debole da ammettere, ma che dire della Prossimità senza "prossimità" e dell'Allontanamento senza "allontanamento" dato che queste idee vanno manifestamente contro la tesi dell'Unicità? È ciò che richiederà una domanda successiva. Qui la risposta sarà un po' più precisa e più sostenuta. Nelle condizioni dette di "prossimità" e di "allontanamento" tu non sei mai altro che Allâh, ma non te rendi conto: ci sono dunque degli errori di conoscenza che si traducono in modi di dire. Nel momento in cui acquisissi la Conoscenza vedresti che sei allo stesso tempo

Lui e Altro-che-Lui. Allora constati anche di aver conosciuto *Allâh* "attraverso *Allâh*" non "per mezzo della tua anima". Qui si presenta una analogia curiosa ma assai espressiva. Supponiamo che il tuo nome è Mahmûd e che sei anche chiamato Mahmûd, perché il nome e l'appellativo sono identici. Ma potresti immaginare che il tuo nome sia Muhammad, e renderti conto in seguito di essere Mahmûd e non Muhammad che conosce se stesso tramite se stesso, e neanche Muhammad che non è mai esistito: una cosa che è non può essere grazie a qualcosa che non è. Ed è così che bisogna comprendere che con la Conoscenza si conosce *Allâh* "per *Allâh*" non per "l'anima" o per "altro che lui" che non esistono. Il conoscitore e il Conosciuto sono lo Stesso. Allo stesso modo Colui che Arriva e Colui a cui si arriva, il Vedente e il Visto. Una prospettiva secondaria è proposta qui immediatamente: il Conoscitore è la Sua Qualità o il Suo Attributo (*al-Sifah*) e il Conosciuto è la Sua Essenza (*al-dhât*). Stessa corrispondenza per le altre coppie di nozioni. Ora la Qualità e il Qualificato sono identici. Tale è la spiegazione, dice l'autore, del hadith "Colui che conosce se stesso conosce il Suo Signore". Ed è così che ci si libera dal peccato associazionista. Risulta dunque che l'anima è una Qualità del Signore Qualificato come Essenza dell'anima. Con questo abbiamo una importante sfumatura nella formulazione della dottrina dell'Identità, perché la relazione così stabilita non è più reversibile. In seguito l'autore ritorna ancora sull'errore metafisico di coloro che parlano di "negazione dell'esistenza" o di "estinzione dell'esistenza", di "cancellazione" e di "soppressione". È per introdurre un'opera in versi, di una bella cadenza in arabo, dove è riassunta tutta la dottrina del Tu e del Lui, e che termina con l'avvertimento di non associare niente ad Allâh, né se stessi né altra cosa, allo scopo di evitare l'avvilimento dell'abbandono dell'Identità per riconoscersi soltanto nell'Alterità dell'Associazione.

Un'altra domanda vuole tuttavia verificare l'esistenza apparentemente distinta del conoscitore: Tu insegni che la tua conoscenza di te stesso è la conoscenza di *Allâh*. Ma la conoscenza dell'anima è altra da quella di *Allâh*. Come ciò che è altro da *Allâh* può conoscere *Allâh* e unirsi a Lui? La risposta ribadisce ancora questa posizione: Colui che conosce la sua anima sa che la sua esistenza non è la sua ma quella di *Allâh*. E ancora una volta, senza divenire, senza penetrazione o uscita, senza coesistenza o dimora in Lui. Egli vede la sua esistenza tale quale era prima che essa fosse. Dopo questa nuova trascendenza nell'incondizionatamente assoluto, comprendiamo che è così dimostrato che la conoscenza che il Conoscitore ha della sua anima è la stessa cosa che la Conoscenza che Allâh ha della Sua Anima, perché la Sua Anima non è che Lui-Stesso», e noi siamo istruiti anche che il Profeta designa per l'Anima l'Esistenza pura (*al-Wujûd*)". Quindi il soggetto della conoscenza è in realtà *Allâh*: è là dunque la risposta alla questione sollevata. Ma constatiamo allora, inoltre, che *Allâh* conoscendo l'anima conosce la Sua propria Anima, che è una col Suo Essere. Non è dunque che un modo di parlare quello di enunciare la tua conoscenza dell'anima, o di te stesso. Eppure l'autore si esprime ancora una volta senza cambiamento nei termini abituali: «Colui che realizza questo *maqâm*…»; così iniziaticamente "*Allâh*" è un "*maqâm*", il *Maqâm* per eccellenza, quello dell'Unicità Assoluta. In rapporto a questo *maqâm* impersonale, si può allora a seconda dei casi parlare della tua conoscenza di te o della Sua conoscenza di te, della tua conoscenza di Lui o della Sua conoscenza di te come identica a Lui, della tua conoscenza della Tua anima che è identica alla Sua Anima, della Sua conoscenza dell'Anima che sei tu in Lui perché è Lui la tua Anima, della tua esistenza, della sua Esistenza, dell'Esistenza pura, di niente perché l'anima è nulla, di Tutto poiché Tutto ha l'Esistenza Assoluta, della Conoscenza dell'Unico che è ad un tempo il Soggetto e l'Oggetto della Conoscenza senza sdoppiamento e senza alcuna distinzione reale, d'una immutabile Identità esistenziale, di una Conoscenza che è Esistenza pura, di una Esistenza che si conosce perché è e non perché in corso di realizzazione, di un'anima-qualità che non è distinta dal Sé-Qualificato, d'una Essenza dai molteplici Attributi coesistente e identica a Sé-Stessa, d'uno "Stato" o d'un "È" di una Eternità o di un Istante unico. Ma ritorniamo al testo: «Colui che realizza questo *maqâm* vede che la sua esistenza non è differente dall'Esistenza di *Allâh* né quanto all'interiorità né quanto all'esteriorità. La Sua esistenza è l'Esistenza stessa di Allâh, la sua parola la Parola di Allâh, il suo atto l'Atto divino per eccellenza. La sua pretesa di possedere la Conoscenza di Allâh è la Sua pretesa di conoscere Se stesso». Ad un altro egli sembrerà differente da Allâh, ma è quest'altro ad essere ignorante. Allora l'autore cita un hadith: "il credente è lo specchio del credente". Come segnalato nelle note della traduzione, considerato che il "credente" (al-Mu'min) è inoltre uno dei nomi di Allâh, si hanno quattro forme di lezione e di trascrizione con l'aiuto della maiuscola:

1. "Il credente è lo specchio del credente". Questo si applica a due "anime". Ognuna non potrà vedere nell'altra se non ciò che essa è, la sua immagine dunque, riflessa dall'altra. Nel nostro trattato ciò si riferisce al fatto che l'ignorante vede se stesso, creatura, in colui che dice «Io sono *Allâh*», e non vede chi è Colui che pronuncia realmente queste parole

2. "Il credente è lo specchio del Credente". L'anima è lo specchio di *Allâh* che vi si specchia e fa apparire la Sua propria Immagine nell'esistenza dell'anima di cui Egli costituisce tutta la realtà.

3. "Il Credente è lo specchio del credente". *Allâh* è lo specchio dell'anima che nel guardarsi vede se stessa.

4. "Il Credente è lo specchio del Credente". *Allâh* l'Unico è Se Stesso in Se Stesso, e non vede altro che la Sua Sola Immagine.

L'autore lascia le cose nell'indeterminazione, e il seguito immediato del suo testo può essere letto in funzione di queste differenti prospettive. Se abbiamo optato per la 2a, altro non è perché dovendo scegliere, quella ci sembrava essere, in un certo senso più naturale nell'insieme: «Egli è dunque Lui stesso, per mezzo del Suo Occhio, vale a dire col Suo Sguardo, perché il suo occhio è l'occhio di *Allâh*, il suo sguardo lo Sguardo di *Allâh*, al di fuori di ogni idea che si ci potrebbe fare: egli non è Lui grazie al tuo occhio, la tua scienza, la tua comprensione, la tua estinzione, la tua opinione o la tua vista; egli è identico a Lui, egli è Lui Stesso (*huwa-Huwa*) tramite il Suo Occhio, la Sua Scienza e la Sua Vista. Se egli dice: "Io sono *Allâh*!" ascoltale bene perché è *Allâh* stesso che proclama queste parole, non lui». In seguito l'autore ricorda e riassume: l'Esistenza delle cose è la Sua Esistenza, senza la loro esistenza. Ma non bisogna dedurne che *Allâh* sia un essere creato. Ciò sarebbe ancora più falso visto che una certa tradizione dice che «il Sufi non è creato». Ci sono cose che sono comprese solo da colui la cui comprensione supera le dimensioni dei due mondi e sta nell'immensità dell'Unicità Assoluta, là dove il Vedente e il

Visto, Colui che trova e il Trovato, il Conoscitore e il Conosciuto, l'Esistenziatore e il Glorificatore, Colui che Intuisce e l'Intuíto, sono uno Solo, in una Esistenza-Conoscenza unica che supera ogni forma di qualificazione.

Ma ecco una domanda che evidenzia un certo imbarazzo nell'accettare la concezione dell'identità. Ci sono nell'esistenza anche cose ripugnanti a fianco di altre gradevoli. Si può dire per esempio che un rifiuto o un maiale siano *Allâh*? Questa questione sembra un po' tardiva, ma tiene conto degli scrupoli che i teologi che confondono la teoria dell'Identità suprema con il "panteismo", hanno sovente formulato. Qui il maestro trascendendo immediatamente nella Sublimità e la Santità di *Allâh* risponde: «Non parliamo con colui che vede una carogna come una carogna, un'immondizia come un'immondizia. Noi parliamo a colui che possiede la vera vista non al cieco». Non è un sotterfugio, poiché qui non si è mai trattato di un'identità concreta e materiale che sarebbe errato rendere omogenea, parificando l'Assoluto e il relativo, l'Eterno e il creato sullo stesso piano del relativo e del creato o di un termine medio d'identità essenziale secondo la verità ultima e unica. All'idea di una unicità nell'ordine dell'Esistenza che è quella della *Wahdah al-Wujûd,* deve corrispondere quella d'una unicità di sguardo o di visione contemplativa, la *Wahdah al-Suhûd.* Questo sguardo è uno sguardo di santità assoluta che brucia non solo l'impurità ordinaria, ma anche qualsiasi molteplicità, per non lasciare che il gioiello illuminante dell'Essenza unica. E questa visione non è affatto una questione "soggettiva" individuale ciò che corrisponderebbe ad un accecamento, ma la visione secondo la realtà unica dell'Occhio e delle Cose. La santità incorruttibile delle cose non potrebbe essere che una attraverso l'Occhio santo che libera questa realtà dalle tenebre dell'errore come è lui stesso al di fuori dagli effetti illusori della soggettività. È per questo che il maestro dice che non potrebbe indirizzarsi che a colui che, aspirando alla Conoscenza di *Allâh*, sorvegli in tutta la sua freschezza e la sua purezza, la Forma della Bellezza della Ricerca. Questa "forma di bellezza" (*sûrah*) è una nozione nuova nel nostro trattato. Il maestro non la spiega in altro modo, ma si può comprendere che si tratta della delicatezza, della sottilità, della perfetta trasparenza dell'anima santa, nella quale solo la luce della Verità può penetrare senza ostacolo, affinché questa luce sia quella per la quale l'essere vede in seguito le cose e le riconosca identiche a Lui. Questa Forma di Bellezza non può essere in fondo che la Forma divina secondo la quale Adamo è stato creato, poiché un *hadith* dice che "*Allâh* ha creato questi secondo la Sua Forma", e un altro *hadith* dice che Adamo fu creato secondo la Forma del Tutto-Misericordioso (*al-Rahmân*). È solo in questa Forma che Allâh ha il Suo riflesso perfetto secondo l'altro *hadith* che dice che "il credente è lo specchio del Credente". Praticamente e tecnicamente nella realizzazione iniziatica ciò si traduce con "la forma di convenienza spirituale" (*al-adab*) nel rapporto con Allâh, forma enunciata da tutta la Legge rivelata. "*Allâh* è Bello e ama la Bellezza (*Allâh Jamil yuhibb al-Jamâl*)" dice un *hadith*. La bellezza (*al-Jamâl*) tra le qualificazioni divine designa l'Essenza pura la cui vista sopprime l'essere distintivo. Tutto ciò che è bello lo è perché è questa Essenza Unica e Unificante. La bruttura comincia con l'alterità che è "alterazione". Sotto questo rapporto le cose ripugnanti non esistono dunque in se stesse, ma nello sguardo dello spettatore.

Ma a proposito di questa questione dello sguardo viene

sollevata una obiezione: *Allâh* dice che "gli sguardi non Lo raggiungono, ma che è Lui che coglie gli sguardi[3], ora tu affermi qualche cosa di contrario. Qual è il senso di quel che dici? E il maestro risponde: Tutto ciò che abbiamo detto fin qui ritorna a questa stessa verità "che gli sguardi non possono Raggiungerlo", perché non c'è nessuno, né sguardo, al di fuori di Lui. L'altro-che-Lui non è un altro che Lui, è Lui stesso. Gli sguardi non lo raggiungono come delle facoltà distinte da Lui, perché non sono in realtà che la Sua propria Esistenza. È inadeguato rispondere a una tale questione dicendo che gli sguardi non possono raggiungerlo perché essi sono creati e il creato non può giungere all'increato. Non si devono considerare tali distinzioni: non c'è cosa, né sguardo, che non sia Lui. È Lui Stesso che percepisce la Sua Esistenza senza che la percezione esista di per sé in qualche modo. Il passaggio finisce con un nuovo componimento in versi il cui inizio dice: «Ho conosciuto il Signore tramite il Signore» e la fine: «Io non ho dovuto per questo estinguere la mia anima poiché non è mai esistita, e neanche Lui, il Signore della dissoluzione, ha dovuto occuparsene».

Un'ultima questione è posta: «Tu affermi l'Esistenza Unica di *Allâh* e neghi l'esistenza di ogni altra cosa. Che ne è allora delle cose che vediamo?» questa domanda riassume in somma tutte le difficoltà e da loro una forma immediata corrispondente a ciò che si potrebbe dire il "buon senso". Anche la risposta è riassuntiva e tranciante: «Parliamo solo con colui che non vede nient'altro che *Allâh*. Non abbiamo niente a che fare con chi vede altre cose. Abbiamo detto molto per chi sa comprendere, quanto a colui che non ha compreso niente fin qui, non potrebbe avanzare se continuassimo a

---

[3] *Corano*, sura 6, versetto 103.

parlarne. All'"Uomo di Unione" (*al-Wâsil*) è sufficiente una piccola indicazione, all'altro niente gli potrà servire. E il maestro conclude la sua esposizione con un augurio propiziatorio per lui e per tutti.

Ma con l'ultima risposta siamo arrivati ad un empasse. Questa posizione assoluta si richiude su se stessa. Certo il maestro rimane coerente con se stesso, ma la questione che si pone è di sapere a cosa può servire un tale insegnamento se non ci sono coloro che sono nell'istanza dell'Unione che possono comprendere? Ora, deve pur servire a qualche cosa poiché si parla di un profitto che trae effettivamente chi lo comprende. Il panorama intellettuale aperto dalla dissertazione deve avere così un'efficacia certa, tanto più che ha fondato un "metodo" di concezione e di conoscenza. Soltanto la sua negazione di ogni idea di divenire e di processo effettivo esige una realizzazione nell'istantaneità, e senza nessun altro mezzo che lo "spettacolo" stesso dell'assoluto. È così che questo insegnamento non potrebbe indirizzarsi se non a coloro che per qualificazione naturale siano dei metafisici intuitivi. A costoro un potente stimolo intellettuale come quello appena appreso, è capace di orientare l' essere intero verso una intuizione sintetica e totale al di là delle limitazioni e delle contraddizioni formali del piano logico. Siamo ai confini dell'assurdo che non potrebbe superare se non il miracolo, quel miracolo che è indissolubilmente legato allo stato della conoscenza. Questo scritto non potrebbe che indirizzarsi a coloro che sono capaci, o anche costretti dalla loro natura, di non vedere che l'Assoluto, e per i quali tutti gli aspetti della loro esistenza non sono altro che universalmente questo stesso sguardo.